L'EMPIRE

ET

LES PARTIS

LETTRES A UN AMI

PAR

ALBERT CAZENEUVE

> J'ai pleine confiance dans le bon sens et le patriotisme du peuple. NAPOLÉON III.

PRIX : UN FRANC

PARIS
E. LACHAUD ET Ce, LIBRAIRES-ÉDITEURS
4, PLACE DU THÉATRE-FRANÇAIS, 4

1875

L'EMPIRE

ET

LES PARTIS

OUVRAGES DU MÊME AUTEUR

L'APAISEMENT.

LA CRISE ET LE SALUT.

L'EMPIRE DEVANT L'OPINION PUBLIQUE.

L'EMPIRE

ET

LES PARTIS

LETTRES A UN AMI

PAR

ALBERT CAZENEUVE

> J'ai pleine confiance dans
> le bon sens et le patriotisme
> du peuple. NAPOLÉON III.

PARIS

E. LACHAUD ET Ce, LIBRAIRES-ÉDITEURS

4, PLACE DU THÉATRE-FRANÇAIS, 4

1875

MON CHER AMI,

En 1872, au moment où parurent les premières lettres qui composent ce volume (1), vous vous rappelez comme on nous jetait à la tête et la guerre et Sedan, comme on nous parlait de l'imprévoyance, de l'incapacité et de la lâcheté de l'Empereur, comme on signalait à notre indi-

---

(1) Les neuf premières lettres ont été publiées en 1872 et en 1873 dans l'*Union méridionale*, de Toulouse, sous le titre : ÉPITRES A BARTHÉLÉMY, cultivateur à Saint-Lys.

gnation les hontes et les dilapidations de l'Empire. Vous savez quelles injures ont été prodiguées, quelles calomnies ont été répandues, audacieuses ou sournoises, brutales ou hypocrites, impudentes ou déguisées, suivant le caractère de ceux qui s'en faisaient les échos.

Ces insultes, je me plais à le reconnaître, n'ont jamais fait varier vos principes ; vous avez toujours fidèlement gardé votre foi, comme presque tous les habitants des campagnes, car il est à remarquer combien peu ont d'influence sur vos esprits fermes et pratiques les arguments des rhéteurs.

Surpris plus qu'ébranlés par ces affirmations bruyantes, vous songiez à ce passé qu'on essayait de ternir à vos yeux, vous songiez à ce règne sous lequel vous viviez heureux, et, avec votre bon sens, votre jugement honnête, vous compreniez combien il y avait d'injustice dans ces attaques dirigées contre un régime issu du vote populaire, vingt ans soutenu par la volonté nationale et tombant enfin dans un jour de deuil et de malheur sous les forces coalisées de l'ennemi et de l'émeute.

Vous demandiez alors à ceux qui, partageant vos idées, étaient mieux placés que vous pour connaître les faits et juger les événements, vous leur demandiez de vous indiquer clairement, à grands traits, l'histoire des dernières années, non pour former votre conviction (vous n'en aviez pas besoin, elle était toute formée d'avance), mais pour vous permettre à votre tour de combattre, à l'aide de moyens efficaces, la propagande hostile par laquelle on cherchait à vous séduire et dont vous vouliez faire justice.

C'est pour répondre à ce besoin de vos

esprits que furent publiées ces petites brochures, telles que : *Sedan, Ils en ont menti ! Vingt ans de corruption, Les Mystères de la cassette impériale*, opuscules que, dans les veillées d'hiver, on se passait de main en main pour les lire avidement, œuvres utiles car elles rendaient aux faits dénaturés et travestis leur véritable caractère, œuvres courageuses car il fallait en ce temps-là un certain courage pour oser affirmer ainsi ses sentiments.

C'est sous l'influence de la même pensée que j'essayai de mon côté de vous retracer alors, dans quelques-unes des lettres qui suivent, certains points de l'histoire de l'Empire.

Aujourd'hui, Dieu merci ! le temps, ce grand justicier, a accompli une partie de son œuvre d'équité, et nous savons le cas qu'il faut faire de toutes ces attaques passionnées. En vain nos adversaires se sont acharnés sur le colosse tombé ; comme le serpent de la fable, ils y ont usé leurs dents. Ils n'ont pu déraciner dans l'esprit des masses le prestige qui s'attache au règne de Napoléon III, et ils semblent si bien le comprendre eux-mêmes qu'ils paraissent vouloir maintenant transporter la discussion sur un autre terrain et combattre auprès de l'opinion publique moins l'Empire passé qu'un Empire futur pour le cas où, le moment étant venu de réviser la Constitution actuelle, le peuple appellerait une troisième fois sur le trône de France la dynastie impériale.

A l'heure qu'il est, il pourrait donc paraître superflu de s'arrêter à la réfutation de ces attaques si répandues il y a deux ans et sur lesquelles le bon sens public s'est déjà prononcé. Mais nous ne devons pas oublier que la date de la dissolution de l'Assemblée, quoique n'étant pas encore fixée, semble devoir être assez prochaine. Les élections générales qui la suivront donneront lieu à une lutte animée, vive, ardente. Nos candidats seront partout vigoureusement combattus par les partis hostiles, qui ne manqueront pas de faire flèche de tout bois et de se servir de toutes les armes qu'ils prétendent avoir contre nous.

Nous devons dès lors nous attendre à voir rééditer, pour la circonstance, ces critiques auxquelles il a déjà été maintes et maintes fois victorieusement répondu, et tout récemment encore, sous une forme aussi concise que frappante, par M. Dugué de la Fauconnerie, dans sa brochure intitulée : *Les Calomnies contre l'Empire*.

Dans la prévision de ce qui se passera,

j'ai donc pensé qu'il pourrait ne pas être inutile de réunir les pages détachées dans lesquelles je vous avais sommairement retracé le rôle joué par l'Empereur pendant la dernière guerre, et les mesures prises par lui pendant son règne à l'égard du clergé et de l'armée. J'y ai joint les quelques lettres dans lesquelles j'ai examiné avec vous les principales étapes parcourues depuis deux ans : la mort de Napoléon III, si douloureusement ressentie en France et dans toutes les cours de l'Europe ; la chute de M. Thiers, heureusement remplacé au pouvoir par l'illustre Maréchal que ses revers ont rendu aussi grand que ses succès, et dont la loyauté et le patriotisme doivent inspirer à tous la plus entière confiance ; la fusion, qui vint si mal à propos jeter le trouble et l'effroi dans l'opinion publique et commencer la désagrégation profondément regrettable du parti conservateur; la majorité du Prince Impérial, imposante cérémonie, qui a prouvé l'affection vivace du peuple pour la famille des Napoléon; enfin, le vote de la Constitution du 25 février, qui aura pour conséquence les élections sénatoriales et législatives, auxquelles il faudra procéder lorsque l'Assemblée actuelle aura épuisé les questions qu'elle a inscrites à son ordre du jour.

C'est à vous, mon cher ami, que j'adressai autrefois ces lettres. C'est à vous tout naturellement que je devrais aujourd'hui dédier le volume qui les renferme. Mais vous ne m'en voudrez pas si je le dédie en même temps à tous ceux qui, animés des mêmes convictions que nous, pourront y trouver des renseignements précis qui leur permettent de répondre sur certains points aux attaques qu'ils entendront formuler devant eux contre l'œuvre du second Empire.

Ces pages, écrites au jour le jour, n'ont d'autre prétention que d'être utiles, et je serais heureux si elles parvenaient à réaliser pleinement cette intention.

Fonsorbes (Haute-Garonne), mai 1875.

ALBERT CAZENEUVE.

10 août 1872.

I

L'EMPIRE ET LES PAYSANS

Vous avez pendant vingt ans loyalement soutenu l'Empire. Ce régime, qui nous donnait l'ordre et nous assurait la prospérité, avait, du premier coup, gagné toutes vos sympathies, et vous êtes fidèle et constant dans vos affections. Je sais avec quelle stupeur douloureuse vous apprîtes un beau jour que, sous les yeux même de l'ennemi, contre lequel notre armée, chefs et soldats, avait vaillamment lutté à Reichshoffen, à Gravelotte, à Sedan, quelques émeutiers de haute lignée, aidés par une tourbe infâme, venaient de renverser le gouvernement qu'au 8 mai vous aviez de nouveau consacré par un plébiscite.

Je sais que vous n'avez pas oublié tout ce que l'Empereur a fait dans l'intérêt de l'agriculture. Les hommes et les choses de la campagne furent l'objet de sa constante sollicitude. C'est sur son initiative que dans 48 départements les Conseils généraux organisèrent la médecine cantonale destinée à procurer aux paysans indigents les soins médicaux gratuits, ct, dans la seule période de 1861 à 1865, une somme de cinq millions environ fut dépensée pour assurer cet important service.

C'est sous son règne que furent édictées :

La loi de 1851, sur l'assistance judiciaire, accordant aux indigents la justice gratuite ;

La loi du 10 avril 1867, offrant aux

communes nécessiteuses, moyennant un faible sacrifice, l'instruction gratuite aux frais du département et de l'Etat;

Les deux lois de 1858, sur le drainage, mettant à la disposition des agriculteurs un crédit de cent millions à titre d'avance;

Les lois de 1857, 1860, 1864 sur l'assainissement et la mise en culture des landes de Gascogne, sur la mise en valeur des marais et des terres incultes appartenant aux communes, sur le reboisement et le gazonnement des montagnes ;

La loi de 1865, sur les chemins de fer d'intérêt local, ayant pour but de faciliter l'établissement de voies ferrées dans des contrées exclusivement rurales, que les grandes compagnies de chemins de fer n'auraient jamais songé à desservir.

C'est Lui qui prescrivit la grande

enquête générale sur l'agriculture, ouverte dans toute l'étendue du territoire et qui eut pour résultat un essai d'organisation de l'enseignement agricole et la loi si importante de 1868 sur l'achèvement de notre réseau vicinal, mesure capitale dont Il avait lui-même posé les bases dans sa lettre du 15 août 1867.

Dans les Landes, en Sologne, en Champagne, en Bretagne, dans les contrées les plus pauvres et les plus deshéritées, Il achetait des domaines sur sa cassette particulière, pour les mettre en valeur, et montrer ainsi par des exemples frappants ce que peuvent en agriculture le travail et la méthode. Il multipliait les concours régionaux, encourageait, à l'aide de subsides de l'Etat, la création et le fonctionnement des sociétés, des comices et des expositions agricoles.

De tout cela, mon cher ami, vous avez gardé le souvenir, et je n'avais nul besoin à cet égard des affirmations contenues dans la lettre que vous m'adressez.

Les paysans, dont il est de mode à la ville, surtout chez les républicains, de beaucoup médire, ont un sens juste et droit, qui ne se laisse séduire ni par les intrigues mesquines ni par les excitations dangereuses. Vous jugez, en général, les choses d'après leur résultat, comme on juge un arbre aux fruits qu'il porte. Aussi, vous étonnez-vous avec raison lorsque vous entendez parler des hontes de l'Empire, des vingt années de corruption, lorsqu'on vous dit que vous êtes restés vingt ans courbés sous le joug despotique d'un tyran, lorsqu'on ose affirmer que le budget de l'Empire ruinait le pays, mangeait l'argent du peuple.

C'est prêcher à des convertis que de plaider devant vous la cause de l'Empire, que de prouver qu'il n'a pas fait tout le mal dont on l'accuse, et je n'aurais pas entrepris une pareille tâche si vous-même vous ne m'y aviez sollicité. Votre lettre respire un patriotisme si profond, un attachement si sincère à la dynastie napoléonienne que je cède très-volontiers à votre désir. Je vous écrirai donc de temps en temps ainsi que vous me le demandez.

Nous causerons du passé, du présent et de l'avenir. Nous feuilleterons ensemble les pages de notre histoire et nous y retrouverons avec joie la trace des grandeurs de la France impériale.

Ou plutôt, mon cher ami, nous n'avons pas besoin de former de plan, car vous êtes tout aussi convaincu que moi de ce que je pourrai vous dire; mais, si vous le voulez bien, je laisserai tout simplement courir ma plume au gré des événements et de mes pensées, certain d'avance de me trouver avec vous sur tous les points en parfaite communauté d'idées et de sentiments.

29 août 1872.

II

PRÊTRES ET SOLDATS

Les officiers et les soldats de notre armée sont presque chaque jour lâchement insultés par nos aimables communards. Presque chaque jour, dans les journaux dévoués à la *radicaille*, nous lisons des attaques plus ou moins déguisées contre le clergé et les institutions religieuses. Guidés en cela par leurs instincts de bêtes fauves, grisés par les excitations d'une certaine presse, appliquant, en les exagérant parfois, les doctrines prêchées sous l'Empire par les chefs de l'opposition, les radicaux donnent aujourd'hui un libre cours à leur haine contre les deux seules forces qui peuvent encore garantir l'ordre social, la famille et la propriété, parce qu'ils comprennent que du jour où ils les auront abattues, ils ne rencontreront plus aucun obstacle au triomphe de leurs idées subversives.

Ces attaques sont d'autant plus injustifiables que l'armée, comme le clergé, se recrutant dans toutes les classes de la société, est la représentation exacte de la nation tout entière. Et, en effet, à côté des plus grands noms de France, combien n'avons-nous pas vu de simples enfants du peuple arriver par leur courage ou leurs vertus aux plus hautes dignités militaires ou ecclésiastiques ? Ce soldat appelé à servir son pays, qui va loin de chez lui payer sa dette à la patrie, c'est un frère, c'est un ami; ce prêtre qui consacre sa vie à Dieu et au soulagement des infortunes morales et physiques, c'est un parent, c'est un condisciple; tous deux nous les connaissons, avec tous deux nous avons été élevés. Ils doivent donc nous être doublement sacrés, au nom de nos relations anciennes, au nom de la mission qu'ils remplissent, l'un pendant un temps déterminé, l'autre pendant toute son existence, avec un dévouement qui a droit à toutes nos sympathies et à notre respect.

Lorsque, le 10 mai 1852, Louis-Napoléon distribuait solennellement les drapeaux à l'armée sur le Champ-de-Mars et disait : « L'histoire des peuples est en grande partie l'histoire des armées », il honorait l'armée et il avait raison. Lorsque, proclamé Empereur par huit millions de suffrages, il inaugurait son pouvoir en allant à Notre-Dame implorer les bénédictions de Dieu, il honorait la religion et il avait raison. Il savait que le premier devoir d'un gouvernement est d'empêcher ou de réprimer les attaques et les insultes dirigées coutre les prêtres et les soldats et tous les actes de son règne témoignent de sa sollicitude pour l'armée, de son profond respect pour la religion.

Je sais bien qu'aujourd'hui que l'Empereur est tombé, ses adversaires essaient de nier tout le bien qu'il a pu faire. Tandis qu'ils l'accusaient autrefois de vouloir militariser le pays, de vouloir faire de la France une vaste caserne, les mêmes hommes, avec une rare audace, osent maintenant prétendre qu'il n'a rien fait pour l'organisation de nos forces. Tandis que les uns ne peuvent lui pardonner son intervention en faveur du Saint-Siége, les autres lui réprochent l'abandon du Pape.

Falsifiant l'histoire pour en faire la complice de leurs passions, ses adversaires ont dirigé contre lui les attaques les plus violentes et les plus contradictoires, au grand étonnement de tous ceux qui, comme vous, ne se laissent pas entraîner par l'esprit de parti. Dans leurs rancunes aveugles, au milieu de nos défaites et de l'effondrement de notre patrie, au milieu de nos désastres aggravés par le triomphe de la révolution, ils se sont, avant tout, préoccupés du renversement de l'Empire, et, malgré le cortége effrayant dont elle était suivie, ils se sont réjouis de la chute du colosse. L'un d'eux a même eu le triste courage d'écrire que si l'année 1870 nous avait amené l'invasion, elle nous avait du moins débarrassé de l'Empire, et que, tout compte fait, nous devions la bénir. Cette idée monstrueuse résume les sentiments de ces beaux messieurs de l'opposition, pour qui le salut de la France n'était qu'une question secondaire et qui se soucient bien peu de la prospérité du pays, trouvant, au contraire, dans ces agitations politiques qui troublent le commerce et paralysent les transactions, une occasion d'escalader les fonctions publiques.

Dominés par la crainte qu'il ne revienne un jour, ils cherchent par tous les moyens possibles à dénaturer et à travestir les actes de l'Empereur ; mais, en dépit de ces efforts coalisés, les faits sont là pour prouver l'inanité des accusations, et la masse de la nation, qui en a été le témoin, se rappelle tout ce que Napoléon III a fait pour l'armée et pour la religion. Je vous retracerai sommairement, mon cher ami, dans mes prochaines lettres, quelle fut, à ce double point de vue, l'œuvre du régime impérial.

6 septembre 1872.

III

L'EMPIRE ET LA RELIGION

Le budget des cultes qui, en 1851, n'était que de 42,500,000 fr., s'élevait, en 1869, à 53,600,000 fr. Grâce à cette augmentation des ressources, deux évêchés étaient érigés en archevêchés, trois évêchés étaient créés, le nombre des titres paroissiaux était élevé de près de trois mille et celui des indemnités vicariales de plus de deux mille. Des sommes considérables étaient chaque année consacrées à la construction et à la restauration des églises, presbytères et séminaires. De 1852 à 1860, dans la seule ville de Paris, huit églises étaient construites ou restaurées, sans compter les grands travaux entrepris à Notre-Dame. En province, les cathédrales de Marseille, de Cambrai, de Moulins, de Clermont, d'Albi, la basilique de Saint-Sernin, à Toulouse, étaient bâties ou reconstruites, sans compter les réparations plus ou moins importantes faites dans presque toutes les communes avec l'aide des subventions de l'État.

Je vous rappelais l'autre jour que la première sortie officielle de Napoléon III fut pour se rendre solennellement à Notre-Dame et y recevoir la consécration divine; j'ajouterai que dans tous ses voyages sa première visite était toujours pour les églises.

En relisant ses proclamations et ses

discours, vous y trouverez la trace d'un sentiment profondément religieux, ainsi que le prouvent les quelques citations suivantes :

Lorsque les députations du Sénat et du Corps législatif vinrent à Saint-Cloud le 1er décembre 1852 lui porter les résultats du plébiscite qui rétablissait la dignité impériale : « Aidez-moi à asseoir, leur dit-il, sur cette terre bouleversée par tant de révolutions, un gouvernement stable qui ait pour base la religion, la justice, la probité et l'amour des classes souffrantes. »

Dans un discours qu'il prononça pendant son voyage en Bretagne, en 1858, il dit : « La France... veut un gouvernement assez stable pour enlever toutes chances à de nouveaux bouleversements... assez consciencieux pour déclarer qu'il protége hautement la religion catholique, tout en acceptant la liberté des cultes... et c'est parce qu'élu de la nation je représente ses idées que j'ai vu partout le peuple accourir sur mes pas et m'encourager par ses démonstrations. »

Aux instituteurs de Rennes, il disait : « Faites de vos jeunes gens des hommes forts et religieux. » Il répondait à l'évêque de Marseille : « La religion est, comme vous l'avez bien dit, la base de toute société et de tout gouvernement qui a le sentiment de ses destinées. »

En même temps il ouvrait les portes du Sénat aux grands dignitaires de l'Eglise, il rétablissait aux Tuileries la tradition de la messe et du carême, il organisait le service des aumôniers des dernières prières pour le convoi du pauvre, il instituait les aumôneries de l'armée et de la marine, il encourageait l'œuvre des missions étrangères, dont les prêtres, avec un dévouement si complet et si chrétien, vont porter au loin, dans les pays qui les ignorent, les consolantes doctrines de la foi. En Chine même, grâce aux victoires de notre armée et aux efforts de notre diplomatie, nos missionnaires avaient obtenu du gouvernement chinois l'autorisation de bâtir une église et d'y exercer librement les cérémonies du culte catholique. En Syrie, nos soldats allaient protéger les chrétiens opprimés et massacrés.

Tel fut le langage, tels furent les actes de l'Empereur, et les attaques dont a été l'objet son intervention en Italie ne peuvent les dénaturer. Nous n'avons d'ailleurs qu'à nous rappeler les faits pour reconnaître que là non plus il n'a pas, comme on l'en accuse, déserté les intérêts catholiques.

En 1849, Louis-Napoléon, alors prince-président, malgré l'opposition qu'il rencontra, résolut de défendre le Souverain-Pontife que la révolution italienne venait d'exiler à Gaëte, et il envoya un corps d'armée pour aider Pie IX à rentrer dans ses États.

Lorsqu'il partit en 1859 pour se mettre à la tête des troupes qui devaient s'illustrer à Melegnano, à Magenta, à Solferino, il entreprit une guerre populaire à laquelle la nation française tout entière s'associa par ses manifestions enthousiastes; mais en même temps qu'il voulait affranchir l'Italie de la domination étrangère, il entendait que les droits du Saint-Siége seraient respectés dans toute leur intégrité. Aussi, après cette campagne si rapidement et si brillamment menée, lors de l'entrevue de Villafranca, il fit insérer dans les préliminaires de paix la clause suivante : Organisation d'une confédération italienne sous la présidence honoraire du Pape. Bien loin de dépouiller le Saint-Père de ses Etats, il voulait au contraire, comme vous le voyez, lui donner la suprématie sur la péninsule affranchie.

Malheureusement, les événements qui s'accomplirent après la signature du traité de Zurich vinrent déjouer toutes les prévisions. Le peuple italien se laissa follement entraîner à la remorque des révolutionnaires, et le Gouvernement impérial, pour témoigner le mécontentement que lui causait cette attitude, donna l'ordre à son ambassadeur de quitter Turin.

Plus tard il signa avec le roi d'Italie la fameuse convention dite du 15 septembre par laquelle ce dernier, lorsque serait arrivée l'époque de l'évacuation de Rome par les troupes françaises, s'engageait à respecter et à faire respecter les frontières pontificales actuelles, la France se réservant formellement sa liberté d'action pour le cas où l'Italie n'exécuterait pas fidèlement les termes de la convention. En 1867, dès que les bandes de Garibaldi envahirent de nouveau le territoire romain, il envoya au secours des soldats du Pape un corps d'armée qui, dans la journée de Mentana, dispersa ces volontaires du désordre et de l'athéïsme que le ministère italien avait eu la faiblesse ou l'incurie de laisser librement s'organiser.

Quelques jours après, au Corps législatif, M. Rouher déclarait, au nom du Gouvernement, que jamais l'Empire n'abandonnerait la cause du Pape, et, comme sanction de cette promesse, les soldats de la France restaient près de Rome pour défendre le chef de la catholicité.

Quand éclata la fatale guerre de 1870, l'Empereur fut obligé de faire revenir momentanément nos troupes d'occupation, mais il fit en même temps savoir d'une manière formelle, au roi d'Italie, qu'il continuait à l'égard de la cour de Rome la politique de protection suivie jusque-là (1). Tant que l'Empire fut debout, les Italiens n'osèrent rien tenter contre Rome, et ils n'auraient rien osé

(1) Dans un important ouvrage qu'il vient de publier sur la diplomatie pendant la guerre franco-allemande, M. Albert Sorel, après avoir étudié les négociations poursuivies entre la France, l'Italie et l'Autriche, en vue d'une alliance, ajoute, en parlant de la question spéciale du territoire romain :

« M. de Gramont s'efforça d'obtenir des garanties pour le respect des droits du Saint-Siége ; il donna d'ailleurs au gouvernement pontifical l'assurance « que le départ de nos troupes ne signifiait en » aucune façon l'abandon ni l'indifférence. » Cette question préalable ne fut pas résolue sans difficulté. « Il avait fallu nécessairement négocier, dit M. de » Gramont, et il n'est pas difficile de deviner ce que » devait être une négociation le 26 juillet. »

faire, car ils savaient combien sur ce point étaient fermes et inébranlables les résolutions de l'Empereur.

Une fois l'Empire tombé, l'Italie se crut libre de tout engagement, et, peut-être même excitée secrètement par les hommes qui venaient en France d'usurper le pouvoir, elle s'empara de Rome, parce qu'alors elle ne craignait plus qu'on vînt la rappeler à la promesse donnée.

Tels sont, à grands traits, mon cher ami, les principaux faits de la question italienne, et, comme vous le voyez, tant qu'il fut au pouvoir, l'Empereur n'a jamais hésité à prendre en main la défense du Saint-Siége. Il ne peut donc pas aujourd'hui être rendu responsable des événements accomplis depuis la chute de l'Empire, et le véritable enseignement qui ressort des tristes circonstances qui ont amené l'occupation de

Rome se trouve dans cette appréciation fort juste d'un des écrivains les plus distingués de la presse catholique, M. Georges Seigneur :

« Il faut donc imputer aux révolutionnaires du 4 Septembre la situation douloureuse dans laquelle en ce moment gémit le Souverain-Pontife. En détrônant l'Empereur, ils ont détrôné le Pape. »

12 septembre 1872.

IV

L'EMPIRE ET L'ARMÉE

Je ne veux point m'appesantir sur ce qu'a fait le Gouvernement impérial pour améliorer la situation des troupes et leur assurer une alimentation plus convenable (1); je me bornerai seulement à vous rappeler l'augmentation de la solde

(1) En 1852, suppression de la gamelle commune, remplacée par la gamelle individuelle. — En 1853, amélioration du pain de munition à la suite d'un décret impérial portant de 15 à 20 0/0 le blutage des farines. — En 1862, réorganisation et surveillance sévère du service des ordinaires. — Améliorations notables apportées dans le service hospitalier et dans les hôpitaux thermaux d'Amélie-les-Bains,

des officiers et des soldats, ainsi que l'augmentation de la pension de retraite des anciens militaires et de leurs veuves ou de leurs enfants, car j'ai hâte d'arriver aux tentatives faites en vue d'organiser notre armée. C'est sur ce point, en effet, que, depuis deux ans, les attaques les plus violentes ont été dirigées contre l'Empire. On a prétendu que l'Empereur avait trahi la confiance du pays et l'avait livré sans défense aux mains de la Prusse ; on a prétendu qu'il avait trompé les Chambres françaises sur le nombre d'hommes, de chevaux, de canons qui se trouvaient dans les casernes

---

Vichy, Baréges, Plombières fondé sur la cassette particulière de l'Empereur, où, chaque année, plus de quatre mille militaires malades venaient chercher la guérison.

Mesures salutaires ! car la moyenne des malades, qui était autrefois de 1 sur 25, n'était plus que de 1 sur 40.

et dans les arsenaux; on l'a taxé, en un mot, d'incapacité, d'incurie, de trahison. Nous allons examiner ce qu'il y a de vrai dans ces accusations multiples et voir si des efforts réels ont été tentés.

En 1851, l'effectif de l'armée était de 476,000 hommes, c'est-à-dire qu'en cas de guerre la moitié à peine pouvait être opposée à l'ennemi, car il faut défalquer de ce chiffre les non-valeurs, les garnisons et les dépôts. La guerre de Crimée nous en donne la preuve la plus convaincante, puisque, bien qu'on ait exceptionnellement porté le contingent à 140,000 hommes, il fut très-difficile de réunir 200,000 soldats sous les murs de Sébastopol, et les chefs de corps se plaignirent même que les recrues provenant des dernières classes appelées n'étaient pas exercées. Eclairé par cette première expérience, trouvant d'ailleurs qu'il était injuste, en cas de guerre, de faire peser de plus lourdes charges sur toute une même classe de jeunes gens par l'élévation inattendue et temporaire du contingent annuel, l'Empereur décida qu'à l'avenir il serait porté à 100,000 hommes, et, dans le but de former une réserve, il résolut de renvoyer en congé renouvelable une partie des soldats déjà au courant des manœuvres.

Lorsque éclata la guerre d'Italie, nous avions un effectif de 530,000 hommes, ainsi décomposé : 380,000 sous les armes, 150,000 en congé renouvelable. Une armée forte de 210,000 soldats franchit les Alpes, mais le nombre de ceux qui restèrent en France, bien que beaucoup plus considérable qu'en 1854, n'était pourtant pas encore suffisant pour permettre, en cas de besoin, de réunir une seconde armée de quelque importance.

Les mesures prises constituaient donc déjà un progrès réel. Deux nouveaux régiments de ligne, un régiment de zouaves, un régiment de tirailleurs indigènes avaient été créés. Le nombre des bataillons de chasseurs à pied avait été porté de 10 à 20. Enfin, la garde impériale avait été organisée, comprenant 9 régiments d'infanterie, 6 de cavalerie, 2 d'artillerie. On en était arrivé à tirer de la loi de 1832 tout ce qu'elle pouvait donner, et, pour poursuivre de nouvelles améliorations, il eût fallu recourir à une modification fondamentale de notre système militaire. C'est ce que comprit l'Empereur, et, pendant les années qui suivirent la paix de Villafranca, il s'occupa de différents projets de réformes générales, qui furent discutés à diverses reprises dans les conseils des ministres.

Malheureusement, déjà à cette époque

l'opinion publique, n'appréciant pas toute l'impérieuse nécessité des charges militaires, commençait à désirer une réduction dans l'armée; elle pensait que nos forces étaient assez et trop considérables; elle citait à l'appui nos succès en Crimée et en Italie, sans pouvoir se rendre compte des difficultés qu'on avait eues à surmonter et de l'impossibilité où l'on se serait trouvé de réunir des armées plus nombreuses si l'on en avait eu besoin. Nos victoires, en effet, n'étaient pas faites, il faut en convenir, pour ouvrir les yeux du public, car la masse de la nation ne devait guère comprendre que nos troupes, victorieuses partout où elles avaient combattu, pussent ne pas être assez fortement organisées. C'est alors qu'ont commencé les préléminaires de cette fameuse campagne contre la réorganisation de notre armée, campagne que les députés et les journalistes de l'opposition dirigèrent avec tant de vigueur et de persévérance qu'ils paralysèrent tous les efforts, rendirent stériles toutes les mesures du gouvernement.

Sous l'influence de ces idées qui germaient dans le pays, dont la presse s'était emparée et dont le Corps législatif lui-même, pour répondre aux sentiments de ses électeurs, se faisait l'écho, non-seulement il fut impossible de songer à appliquer quelques-uns des projets de réformes dont nous avons parlé plus haut, tels que le service obligatoire, l'augmentation de la durée de séjour sous les drapeaux, l'endivisionnement de l'armée permettant une mobilisation plus prompte, mais encore le gouvernement dut, en 1865, supprimer deux compagnies par régiment d'infanterie et un escadron par régiment de cavalerie.

Tel était l'état des choses en 1866, lorsque la Prusse entreprit contre l'Autriche cette foudroyante campagne, qui révéla à l'Europe étonnée toute la supériorité de l'organisation militaire prussienne. Nous verrons la prochaine fois quels enseignements l'Empereur a tirés de cette guerre, nous verrons quelles mesures il voulut faire adopter pour nous mettre en situation, le cas échéant, de lutter à armes égales contre la Prusse. Mais ce que nous pouvons constater dès aujourd'hui, c'est que, dans la période qui s'étend de 1851 à 1866, il a eu constamment en vue une organisation plus forte de notre armée.

30 septembre 1872.

V

L'EMPIRE ET L'ARMÉE

(SUITE.)

Dès que la lutte austro-prussienne fut terminée, l'Empereur songea à appliquer en France le système qui venait d'assurer le triomphe de la Prusse; il réunit une commission militaire chargée d'organiser une force de 1,200,000 hommes, et, afin d'habituer les esprits à l'idée du service obligatoire, il fit publier, dans le *Moniteur* du 12 décembre 1866, une note analysant le projet de la commission qui « consacre ce grand principe d'égalité que tous doivent le service au pays en temps de guerre et n'abandonne plus à une seule partie du peuple le devoir sacré de défendre la patrie. »

Ce projet fut violemment attaqué; on souleva contre lui l'opinion publique, on prétendit qu'il constituait une aggravation trop lourde des charges militaires, et, lorsqu'il fut enfin soumis aux délibérations du Corps législatif, il avait été déjà trois fois modifié sous la pression de ces attaques. Les députés et les journalistes de l'opposition ne manquèrent pas, à cette occasion, de constater l'échec du Gouvernement et de revendiquer hautement l'honneur d'avoir, par leur langage et leur attitude, empêché un projet « aussi exorbitant », disaient-ils, de passer sans de notables modifications.

La discussion qui s'engagea devant la Chambre fut longue et passionnée. Vivement attaquée par MM. Jules Favre, Jules Simon, Picard, Magnin, auxquels vinrent se joindre quelques députés plus préoccupés en cette circonstance de leur réélection que des intérêts généraux du pays, énergiquement défendue par les orateurs du Gouvernement et des députés de la majorité, notamment par le maréchal Niel, M. Rouher, MM. Jérôme David et Granier de Cassagnac, la loi fut enfin votée, mais avec quelques nouvelles modifications. Telle qu'elle était encore, pourtant, si elle avait pu être librement appliquée, elle donnait au bout de dix ans un effectif général de 750,000 hommes d'armée active et de réserve et 570,000 gardes nationaux mobiles.

mettre en pratique cette loi, l'opposition entrava par tous les moyens possibles sa liberté d'action, et se servit habilement contre lui des libertés qu'il venait d'accorder. On réclama la suppression des armées permanentes; on prétendit que rien ne justifiait les armements « exagérés qui écrasent le pays », disait M. Picard en 1868. « Le budget de la guerre nous mène à la banqueroute, s'écriait M. Garnier-Pagès; c'est la plaie, c'est le chancre qui nous dévore. » « On a réduit le contingent à 90,000 hommes, disait M. de Kératry, ce n'est pas assez; il faut le réduire à 80,000. »

Et pendant ce temps le maréchal Niel se consumait en vains efforts. Je me rappelle ses tentatives impuissantes, ses gestes désespérés lorsqu'il réclamait des crédits indispensables qu'on lui refusait

Au lieu de laisser le Gouvernement

ou qu'on ne lui accordait qu'en partie. « Oui, messieurs, s'écriait-il, vous me rendez la tâche impossible. »

Le Gouvernement avait demandé que les mobiles fussent chaque année réunis pendant quelque temps afin d'apprendre l'exercice ; un député, M. de Tillancourt, dans la session de 1869, explique ainsi le refus qui accueillit cette demande : « Vous avez voulu que la garde mobile ne fût pas une succursale, une dépendance, un accessoire de l'armée, et c'est pour cela que vous n'avez pas permis que les jeunes gens qui la composent fussent enlevés à leur domicile pendant plusieurs jours, ainsi que le gouvernement l'avait demandé. »

Le ministre de la guerre réclamait 13 millions pour fondre de nouveaux canons, on ne lui en accordait que 2 1/2 ; il réclamait 144 millions pour fabriquer de nouveaux fusils ou transformer les anciens, on ne lui en accordait que 91; il réclamait 110 millions pour les fortifications, on ne lui en accordait que 36. L'organisation de la garde mobile devait coûter 35 millions, on ne lui en accordait que 7. A la veille même de la déclaration de la guerre, on proposait de réduire encore le contingent de 10,000 hommes.

Je ne connais pas de lecture plus instructive et plus douloureuse tout à la fois, que le compte-rendu des discussions du Corps législatif sur le budget du ministère de la guerre pendant les années qui suivirent 1866. On y retrouve à chaque pas la trace des efforts constants et réitérés du Gouvernement pour essayer d'organiser fortement notre armée, et des luttes qu'il a dû soutenir sur ce point contre les orateurs de l'opposition qui l'accusaient de ruiner la nation par des charges trop onéreuses, d'enlever inutilement des bras à l'agriculture et à l'industrie.

Et pendant que l'opposition désarmait ainsi le pays, qu'elle énervait en France le sentiment militaire, elle excitait en même temps les esprits contre l'Allemagne, elle agitait le spectre de Sadowa, comme si, dans cette funeste journée, c'était nous et non les Autrichiens qui avions été battus. Par ces excitations continuelles, elle rendait la guerre inévitable et prochaine tout en empêchant le Gouvernement de prendre les mesures nécessaires pour résister à l'ennemi. La Prusse suivait attentivement tous les incidents de cette période que nous venons de rappeler, et n'attendait qu'une occasion favorable pour nous déclarer la guerre ou plutôt pour nous mettre dans la nécessité de la lui déclarer. Déjà, une première fois, par sa modération et sa fermeté, l'Empereur avait, en 1868, empêché la guerre d'éclater à propos de la question du Luxembourg.

Au mois de juillet 1870, il fut impuissant à le faire.

Le Gouvernement impérial avait organisé nos forces autant que le lui permettaient les crédits restreints dont il disposait, et si les indispensables réformes qu'il avait projetées sont restées à l'état de lettre morte, la faute n'en peut retomber sur lui. La responsabilité des désastres que nous avons subis doit tout entière peser sur ceux qui ont, en toute circonstance, paralysé ses intentions.

15 octobre 1872.

VI

LA GUERRE DE 1870

Je vous ai montré dans mes dernières lettres ce que l'Empereur a fait et voulait faire pour l'organisation de l'armée; je vous ai montré les obstacles constants que rencontrèrent ses projets de réforme. Tandis que le Gouvernement affirmait, avec raison, que la Prusse pouvait mettre en ligne 1,300,000 hommes, l'opposition traitait ces chiffres de fantasmagories; tandis qu'il réclamait des crédits indispensables pour le ministère de la guerre, elle disait que ces dépenses militaires trop considérables ruinaient le pays; tandis qu'il faisait tous ses efforts pour ne pas laisser désorganiser nos forces, elle soutenait que nos armements exagérés troublaient seuls la paix de l'Europe; tandis que, prévoyant le danger, il cherchait activement les moyens de le conjurer, elle affirmait qu'aucun danger ne nous menaçait et que, d'ailleurs, notre armée était prête à supporter victorieusement le choc des armées ennemies.

C'est au milieu de ces circonstances que surgit l'incident Hohenzollern. Je n'ai pas besoin de vous rappeler l'émotion qui se produisit partout, la surexcitation qui s'empara de tous les esprits. On a, depuis, accusé l'Empereur d'avoir, dans un intérêt dynastique, déclaré la guerre. Cette guerre, on peut l'affirmer sans crainte, il ne l'a pas déclarée de gaieté de cœur, il l'a subie. Tous ces faits sont d'hier et pourtant ils ont été indignement travestis. Les ennemis de l'Empire n'ont reculé ni devant le mensonge ni devant la calomnie, mais ils n'ont pu empêcher la vérité de se faire jour, et des témoignages nombreux et irrécusables sont venus confondre leurs assertions erronées.

Un livre paru il y a quelques mois en Angleterre, et attribué à M. Gladstone, le premier ministre du Parlement anglais, renferme sur les origines de la guerre des indications instructives. Cet éminent homme d'Etat a trouvé dans sa correspondance avec les ambassadeurs anglais de Paris et de Berlin, dans le recueil des pièces diplomatiques des différents pays d'Europe, des renseignements authentiques dont il s'est inspiré pour composer son livre, et, après avoir analysé ces différentes pièces, il arrive à cette conclusion que je reproduis textuellement :

« 1° La candidature d'un prince de Hohenzollern au trône d'Espagne a constitué un grief légitime pour la France et a été reconnue comme telle par les puissances neutres ;

» 2° Le Gouvernement français désirait réellement une solution pacifique de la question ;

» 3° Le comte de Bismarck a conduit l'intrigue Hohenzollern avec les yeux pleinement ouverts sur toutes les conséquences qui s'en sont suivies ;

» 4° La Prusse n'a jamais retiré ni directement ni indirectement la candidature du prince de Hohenzollern, et le retrait éventuel par le père du prince a eu lieu de manière à laisser le grief de la France précisément au même point où il se trouvait au commencement de la querelle ;

» 5° La France a cherché toujours une solution pacifique et sollicitait les bons offices de l'Angleterre pour cet objet ;

» 6° Le comte de Bismarck rejeta rudement la médiation de l'Angleterre et précipita la guerre par l'invention gratuite et la publication d'un affront imaginaire infligé par le roi de Prusse à l'ambassadeur français à Ems ;

» 7° L'intention bien arrêtée de la Prusse de provoquer une guerre avec la France est prouvée par d'autres circonstances et particulièrement par le refus qu'opposa le comte de Bismarck aux offres répétées de la France de s'unir dans une politique mutuelle de désarmement. »

Ces lignes renferment une justification éclatante de la conduite de l'Empereur, car elles émanent d'un homme désintéressé dans la question et qui, par sa situation considérable, se trouvant mêlé à tous les événements, était mieux placé que qui que ce soit pour voir les choses sous leur véritable jour.

Aussitôt que la guerre fut devenue inévitable, le Gouvernement impérial prit sans tarder les mesures les plus propres à parer aux difficultés de la situation : rappel de la réserve, mobilisation et organisation de la garde nationale mobile, appel sous les drapeaux des anciens militaires et des jeunes gens de 25 à 35 ans. Il déploya une activité digne d'un meilleur sort, et, pendant cette période de six semaines, du 16 juillet au 4 septembre, la défense nationale fut son unique souci.

Oubliant les intérêts de sa dynastie pour ne songer qu'au pays, l'Empereur ne s'est pas inquiété des menées criminelles de ceux qui applaudissaient secrètement à nos désastres, dans la pensée que la défaite de notre armée amènerait l'effondrement de l'Empire. Il a préféré rester au milieu de ses soldats, partageant jusqu'au bout leurs fatigues et leurs dangers, plutôt que de rentrer dans Paris où, avec l'aide de troupes dévouées, il lui eût été facile de réduire à l'impuissance ces Prussiens de l'intérieur qui, préparant la chute du Gouvernement, devaient livrer la France désarmée à ses cruels envahisseurs. Dans ce moment solennel, où se jouaient les destinées de la France et de l'Empire, il ne voulut pas qu'on pût lui reprocher d'avoir, pour consolider son trône, ramené à Paris des soldats dont la place était marquée dans les armées qui luttaient héroïquement à Borny, à Reischoffen, à Gravelotte.

L'Impératrice-Régente, de son côté, se refusait à croire qu'il pût exister des hommes assez vils pour avoir d'autres préoccupations que le salut de la patrie. Admirable de fermeté et de résignation, dans ces jours difficiles, elle resta sur la brèche jusqu'à la dernière heure, et, ne quittant les Tuileries que lorsque l'émeute triomphante les avait déjà envahies, elle ne voulut pas qu'une seule goutte de sang français fût versé pour le maintien de son pouvoir (1).

« La France n'a pas trop de toutes ses

---

(1) Voir, à ce sujet, l'intéressante déposition faite devant la Commission d'enquête, sur les actes du Gouvernement de la Défense Nationale par M. Jules Brame, ancien ministre de l'Empire, député du Nord à l'Assemblée nationale.

L'attitude de l'Impératrice fut si digne, si patriotique, qu'un jour, en sortant du Conseil des ministres, le général Trochu lui-même disait au baron David : « Cette femme est admirable, c'est une Romaine ; je suis très-impressionné de sa tenue, de sa conduite ; elle a tout mon dévouement. »

forces, disait-elle à ceux qui l'entouraient, et tous ses enfants, sans distinction de rang ni de parti, doivent être unis pour combattre son ennemi. »

Après Sedan, il n'y avait qu'une chose à faire : traiter aux meilleures conditions possibles, comme l'avaient fait la Russie après Sébastopol, et l'Autriche après Solférino. Mais nos révolutionnaires ne l'entendaient pas ainsi. Ils ont préféré renverser le Gouvernement pour se mettre à sa place, et pousser le pays dans cette guerre à outrance dont nous pouvons aujourd'hui mesurer les suites aux dures conditions qui nous ont été imposées par le traité de Francfort. Pour réussir dans leurs desseins, il fallait dénaturer aux yeux du pays les actes du Gouvernement et du Souverain. Ils n'ont pas hésité à le faire, et, à peine avaient-ils usurpé le pouvoir, que nous avons vu se déchaîner un flot d'accusations monstrueuses contre l'armée et contre l'Empereur.

Vous savez pourtant combien nos soldats ont vaillamment fait leur devoir. Vous savez qu'à Sedan ils se sont battus avec un héroïsme qui arrachait, aux Prussiens eux-mêmes, des cris d'admiration ; que vingt mille d'entr'eux sont restés, tués ou blessés, sur le champ de bataille, et qu'à la fin de la journée la lutte était impossible, la capitulation inévitable. Ils ont été des héros, et les hommes du 4 Septembre ont osé les traiter de lâches pour pouvoir accuser aussi Napoléon III de lâcheté.

Vous avez depuis longtemps fait justice de ces accusations mensongères, et vous savez que l'attitude de l'Empereur a été ce qu'elle devait être. Vous vous appelez son intrépidité, lorsqu'au péril de sa vie, il portait des secours et des consolations aux malheureux inondés du Rhône et de la Loire; vous vous rappelez son calme et son sang-froid lors de l'attentat d'Orsini ; vous vous rappelez son audace téméraire à la bataille de Solférino, et, en dépit des affirmations contraires, vous savez bien qu'à Sedan il ne s'est pas conduit en lâche et qu'il n'a pas un seul instant démenti tout son passé de courage et de bravoure. Vous avez, d'ailleurs, lu les nombreuses déclarations faites à ce sujet par des témoins oculaires, dont l'honorabilité ne saurait être mise en doute (1). Dans cette terrible journée, il s'est exposé au plus fort de la

(1) Nous nous contenterons de reproduire ici quelques-unes de ces attestations :

Le *Journal de Genève* dit : « M. Russell (le correspondant du journal anglais *The Times*) raconte que l'Empereur a fait preuve d'un grand courage dans

mêlée, vous le savez, et il a vainement cherché la mort.

Ne vous inquiétez donc pas, mon cher ami, des insultes et des outrages que

---

la journée de Sedan ; QU'IL A EN VAIN CHERCHÉ LA MORT. »

Le même journal publie la lettre d'un officier supérieur français blessé à Sedan, dans laquelle il est dit : « Je n'aime guères l'Empereur, mais j'aime encore moins la calomnie..... Il s'est bien montré et S'IL N'A PAS ÉTÉ TUÉ CE N'EST PAS L'ENVIE QUI LUI EN A MANQUÉ. »

Le *Temps*, journal de Paris, qui ne saurait être suspect, dit dans une de ses correspondances : « L'Empereur a voulu mourir. Le fait est maintenant avéré. La mort a passé près de lui comme près de Ney, aux Quatre-Bras. »

Le COMTE DE LA CHAPELLE, correspondant du journal anglais *le Standard*, raconte dans son livre intitulé : *La Guerre de* 1870 :

« Après s'être porté au village de Balan, avoir gravi les côteaux de la Moncelle et traversé le ravin de Givonne au milieu d'une explosion continuelle de projectiles, IL SE MIT A LA TÊTE D'UNE COLONNE D'ATTAQUE. Napoléon III, pendant plusieurs heures, fut exposé aux plus grands dangers, et, en vous entendez proférer contre l'auguste exilé de Chislehurst. L'histoire impartiale, le vengeant de ces attaques, attribuera à chacun la part de responsabilité qui lui revient, et le pays tout entier, soyez-en certain, ne manquera pas de ratifier ce jugement.

---

ma qualité de témoin oculaire, je puis garantir l'authenticité du fait. »

Le *Staatsanzeiger* (journal officiel de Berlin) raconte que : « D'après des témoignages oculaires, l'Empereur Napoléon s'est exposé à un tel point que son intention de se faire tuer était évidente. »

M. ALBERT DELPIT, journaliste républicain, dit dans l'ouvrage qu'il a publié sous ce titre : *Les Prétendants :* « Il est établi maintenant que Napoléon III S'EST BATTU TOUTE LA JOURNÉE et a vainement cherché la mort, qui n'a pas voulu de lui. »

26 janvier 1873.

VII

LA MORT DE L'EMPEREUR

Je trouve à mon retour d'Angleterre votre lettre remplie tout à la fois de tristesse et d'espérance. Vous avez raison. Avec l'Empereur s'éteint une noble existence consacrée sans relâche au bien de son pays, et vous n'êtes pas de ces ingrats qui oublient tout ce qu'il a fait pour la grandeur et la prospérité de la France. Reconnaissant des bienfaits passés, vous pleurez le souverain dont la main douce et ferme tout ensemble a, pendant vingt ans, rassuré les bons, fait trembler les méchants, mais vous ne désespérez pas de l'avenir, parce que vous savez que le système politique qui vous a donné ces vingt années prospères d'ordre et de tranquillité subsiste aussi vivace aujourd'hui qu'hier.

Je ne vous raconterai pas les détails de mon triste pèlerinage à Chislehurst, car vous avez dû lire dans les journaux le récit de la funèbre cérémonie. Vous avez vu combien était considérable le nombre des Français qui étaient venus, malgré la distance et les difficultés du voyage, rendre les derniers devoirs à leur Empereur, combien avait été admirable de touchant respect l'attitude de la population anglaise, combien la famille royale d'Angleterre avait été affectueuse pour la famille impériale si cruellement éprouvée, combien enfin toutes les autres Cours de l'Europe s'étaient empressées d'exprimer la part qu'elles prenaient à cette légitime douleur.

Dans toutes ces manifestations sympathiques qui ont accompagné Napoléon III jusqu'à la modeste église de Chislehurst et qui entourent aujourd'hui l'Impératrice et son auguste Fils, il ne faut pas voir seulement la preuve des regrets profonds causés par la perte d'un Prince qui laisse dans l'histoire une grande et noble page et que la postérité vengera des attaques infâmes dirigées contre lui ; il faut encore y voir un hommage rendu au principe dont il était le représentant.

L'Empereur est mort, mais l'Empire survit, c'est-à-dire ce système monarchique qui, puisant son origine et sa force dans le suffrage populaire, est l'expression la plus complète et la plus vraie de la volonté nationale.

L'Empereur est mort, mais le drapeau qu'il avait tenu si longtemps d'une main ferme et robuste n'est pas abandonné, et tous ceux qui l'auraient défendu, l'Empereur vivant, se rangent, dans une commune et pieuse pensée, autour de celui qui le tient aujourd'hui, autour de ce jeune Prince, héritier d'un grand nom qu'il saura porter noblement, car il a été élevé à l'école du malheur. Il a déjà vu la chute d'un trône, connu l'exil, pleuré sur la tombe de son père. Ces tristes leçons ont mûri son esprit, grandi son intelligence; d'un enfant, elles ont fait un homme. Je n'en veux d'autre preuve, mon cher ami, que ce mot si digne, si patriotique, si français, que le Prince Impérial a prononcé l'autre jour, lorsque les braves ouvriers parisiens, ne pouvant contenir leur émotion, n'avaient pu s'empêcher de crier : Vive l'Empereur ! « Non, mes amis, leur a-t-il dit, crions : Vive la France ! »

C'est là le langage d'un homme de cœur, le langage digne d'un Prince qui aime son pays, comme l'aimait l'Empereur, de cet amour immense et désintéressé qui lui faisait dire un jour pendant le siége de Paris, les yeux fiévreusement fixés sur une carte où il marquait lui-même toutes les opérations militaires : « Je pardonne de tout mon cœur au général Trochu de nous avoir trahis, s'il sauve ma malheureuse patrie. »

Je ne puis vous exprimer l'impression de consolante tristesse que j'ai ressentie à Camden-Place. Pendant que je priais devant le cercueil de celui qu'à l'étranger on a nommé l'Empereur de l'Europe et que bien des Français, dans leur reconnaissance, ont surnommé l'Empereur du peuple, je me rappelai tout ce passé glorieux et brillant, calme et prospère qu'on appelle le second Empire.

Pendant qu'agenouillé avec respect devant l'Impératrice abîmée dans sa douleur, je baisais en pleurant la main qu'elle me tendait, je me rappelai combien avait été sublime celle qu'on avait surnommée la Sœur de charité lorsqu'elle allait, au péril de ses jours, porter aux pauvres cholériques d'Amiens et de Paris des secours et des consolations; je me rappelai combien elle avait été admirable de fermeté et de patriotisme dans ces jours difficiles où, tandis que notre armée luttait contre les Prussiens, l'émeute criminelle grondait déjà dans la capitale; je me la rappelai sacrifiant sans regret sa couronne au salut du pays et disant aux délégués du Corps législatif le 9 août : « Je sais le sort qui peut être réservé à la dynastie. Ne vous inquiétez pas d'elle ; sauvez la France. »

Pendant que je saluais avec bonheur le Prince qui pouvait à grand'peine contenir ses larmes et dont l'attitude affectueuse et digne a conquis tous les cœurs, je songeai au sang qui coule dans ses veines, je me rappelai que deux fois déjà Dieu avait confié aux Napoléon la mission de rendre à la France l'ordre et la tranquillité, et je me demandai quelle destinée il réservait à l'héritier de cette race.

Au milieu de ces émotions, de ces scènes déchirantes, j'ai puisé de nouvelles forces, et ma foi dans l'avenir, loin de s'éteindre, s'est ravivée.

J'ai vu cette foule de Français de tout

rang et de toute condition qui, unis dans un commun sentiment de pieuse sympathie, étaient venus apporter aux chers exilés de Camden l'hommage de leur fidélité et de leur dévouement. J'ai vu hier, à Paris même, cette foule nombreuse et recueillie qui priait dans les églises pour l'âme de l'Empereur et je me disais qu'un parti qui donne de telles marques d'attachement à son souverain, qui honore ainsi sa mémoire, n'est pas, comme le prétendent ses adversaires, affaibli et divisé. Il n'y a dans ses rangs ni défection ni défaillance ; il est calme et patient parce qu'il est fort et nombreux. Il a la conscience de son droit et, se rappelant qu'il a déjà trois fois été consacré par le suffrage populaire, il attend tout de la justice du pays.

24 octobre 1873.

VIII

LE 24 MAI. — LA FUSION

La dernière fois que je vous écrivis, c'était presqu'au lendemain de la mort de l'Empereur. Je revenais de Chislehurst, le cœur brisé par la perte si soudaine que nous avions faite, mais plein de confiance dans l'avenir. J'avais vu la foule des Français qui, depuis les plus hauts dignitaires de l'Empire jusqu'à d'humbles artisans, était venue empressée et respectueuse rendre les derniers devoirs à son souverain. Je savais la quantité innombrable de lettres adressées de tous les points de la France par ceux qui avaient tenu à honneur, dans ces tristes circonstances, d'envoyer à la famille impériale l'expression de leur affliction et de leur dévouement, et, en présence de ces imposantes et légitimes manifestations, je comprenais combien la dynastie des Napoléon, en qui s'est incarnée la France démocratique, a laissé dans le pays des racines vivaces et profondes.

Quelques mois après ce douloureux événement se produisait un fait considérable dont vous vous êtes avec raison réjoui et auquel a, comme vous, applaudi la grande majorité des Français.

M. Thiers, qui prétendait être un républicain conservateur, par ses complaisances coupables envers les radicaux, nous menait droit aux abîmes, et, entraîné par sa sénile ambition, il ne s'apercevait pas de son impuissance à comprimer les passions malsaines qu'il avait soulevées. Les communards escomptaient déjà sa succession, à l'exemple de ces neveux prodigues qui croquent l'héritage de leur oncle encore en vie, et la République conservatrice, comme c'est logique d'ailleurs, penchait peu à peu vers la République radicale.

Les élections de Ranc et de Barodet ouvrirent enfin les yeux au pays, et, le 24 mai, l'Assemblée, faisant acte de virilité et d'énergie, plaça à la tête des affaires le duc de Magenta, dont le nom, cher à l'armée, représente pour tous les idées d'honneur, de loyauté et de bravoure par lesquelles il s'est toujours distingué. Avec lui, l'ordre était assuré, et nous pouvions espérer avoir enfin cette trêve loyale des partis dont nous avions tant besoin de jouir pendant quelque temps pour panser nos plaies et nous permettre de songer avec calme et réflexion au choix définitif d'un gouvernement.

Le travail de pacification s'opérait, quand, tout à coup, un événement inattendu vint jeter le trouble et l'alarme dans les esprits. Nous voulons parler de l'entrevue du 5 août et des tentatives de fusion qui en furent la conséquence.

Le pays étonné apprend un beau jour que le comte de Paris est allé à Frohsdorf présenter ses hommages au comte de Chambord. Les deux branches ennemies de la famille royale se réconcilient, et nous voyons le représentant de la Monarchie aristocratique de 1815 donner la main au représentant de la Monarchie bourgeoise de 1830.

Pourquoi cette réconciliation tardive entre des princes qui, pendant qu'ils étaient sur la terre d'exil, ont eu maintes occasions de se rencontrer, occasions qu'ils ont évitées soigneusement, bien loin de les rechercher? Pourquoi ces démarches réitérées, pourquoi ces négociations poursuivies maintenant avec tant d'ardeur par ceux-là même d'entre leurs partisans qui proclamaient jadis que toute entente était impossible?

Pendant qu'a duré l'Empire, chacun des deux partis, légitimiste et orléaniste, luttait pour son propre compte, espérant, passez-moi l'expression, tirer pour lui les marrons du feu. Après le 8 février, même attitude. Le comte de Chambord agit isolément, lance des manifestes, arbore le drapeau blanc. Les princes d'Orléans, de leur côté, se posent en prétendants de la Monarchie libérale ou de la République modérée. Chacun a sa cour, ses partisans, ses favoris et se berce du secret espoir d'arriver à l'exclusion de l'autre. Mais, avec le temps, ces douces espérances se sont envolées. Tous deux ont été forcés de reconnaître leur impopularité et leur impuissance, tous deux ont cru qu'en se groupant ils pourraient peut-être triompher, et de là est née la fusion. Ce rapprochement n'est donc pas une réconciliation désintéressée entre les membres d'une même famille trop longtemps divisée, c'est un pacte dont le trône de France est l'enjeu.

Les fusionnistes se remuent, s'agitent, négocient, parlent, écrivent, voyagent et discutent les conditions de la restauration monarchique comme, dans une foire, on discute les bases d'un marché. Nous vous accordons les fleurs de lys, disent les orléanistes, mais laissez-nous les trois couleurs. — Nous accepterons la Charte qu'on voudra bien nous donner, disent les légitimistes, mais qu'auparavant l'Assemblée nous rappelle sans conditions ; — donnez-nous ceci, prenez cela, etc., etc. Et, au milieu de toutes ces intrigues, de toutes ces négociations, le pays, dont on ne veut pas demander l'avis, dont on cherche à annihiler le droit, le pays, inquiet et troublé, montre clairement que la crainte que lui inspire le spectre blanc est si grande qu'il irait plutôt se jeter dans les bras du spectre rouge. Aux tentatives de fusion, il répond en écartant victorieusement des scrutins les candidats qui ne rejettent pas bien loin l'alliance compromettante des royalistes.

Mais en même temps l'opinion publique demande chaque jour avec plus d'énergie que la nation soit directement consultée, et, partout où elles circulent, les pétitions réclamant l'appel au peuple sont bien vite couvertes de nombreuses signatures.

Quand arrivera le jour où la France sera appelée à se prononcer, ce jour-là, en dépit des excitations contraires, la grande majorité du pays, essentiellement conservatrice et démocratique, se prononcera, soyez-en sûr, mon cher ami, en faveur du régime qu'elle a déjà trois fois consacré par ses votes enthousiastes (1), de ce régime qui, sagement autoritaire, assurant l'ordre, inspirant la confiance, développait d'une façon mer-

---

(1) Voici les résultats de ces votes :

Plébiscite des 20 et 21 décembre 1851 pour la présidence décennale :

OUI	NON
—	—
7,473,431	641,351

Plébiscite des 21 et 22 novembre 1852, pour le rétablissement de la dignité impériale.

OUI	NON
—	—
7,824,189	253,145

veilleuse la prospérité publique, veillait avec sollicitude aux intérêts matériels et moraux des travailleurs et s'appliquait constamment à mettre en pratique ce précepte, que le Prince Impérial peut à juste titre revendiquer comme la devise de sa famille, car elle est inscrite en traits ineffaçables sur le drapeau des Napoléons : *Tout pour le peuple et par le peuple.*

Plébiscite du 8 *mai* 1870 *pour la ratification du Sénatus-Consulte du* 20 *avril.*

OUI	NON
—	—
7,336,434	1,560,709

Nous devons ajouter qu'auparavant, le 10 décembre 1848, le Prince avait été appelé à la présidence de la République, par 5,334,226 suffrages, tandis que ses cinq concurrents, MM. Lamartine, Ledru-Rollin, Raspail, les généraux Cavaignac et Changarnier n'en obtenaient que 1,779,152, tous les cinq réunis.

Nous ne devons pas oublier non plus les plébiscites qui, à différentes reprises, consacrant les pouvoirs de Napoléon Ier, l'ont successivement acclamé comme consul, comme consul à vie et comme Empereur.

30 novembre 1873.

IX

L'ATTITUDE DU PARTI BONAPARTISTE.

Pour apprécier la délimitation exacte et la forme précise des pouvoirs que l'Assemblée a conférés le 19 novembre au maréchal de Mac-Mahon, il faut attendre le vote des lois constitutionnelles (1). Organisera-t-on pour sept ans

(1) Depuis dix-huit mois, une partie seulement de ces lois a été votée. Leur élaboration a donné lieu à de nombreuses discussions dans la fameuse Commission des Trente, dans les différentes réunions parlementaires, amené des modifications ministérielles et motivé un déplacement de majorité dans l'Assemblée. Il reste encore à voter la loi électorale et la loi organique des pouvoirs publics.

uneRépublique provisoirement définitive, ainsi que le réclamait M. Thiers lorsqu'il fut au 24 mai renversé par les mêmes députés qui organisent aujourd'hui le pouvoir septennal ? Constituera-t-on au contraire une espèce de lieutenance générale du royaume pour le roy empêché et jusqu'à ce qu'il ne le soit plus, ainsi que l'exposait l'autre jour dans son journal M. de Villemessant? Ou bien aurons-nous tout simplement une nouvelle édition du pacte de Bordeaux, revue et corrigée ?

Cette dernière solution semblerait la meilleure et la plus conforme aux intérêts du pays. Puisqu'on n'a pas voulu faire du définitif, il faut au moins que le provisoire, sans escompter l'avenir, permette aux honnêtes gens de tous les partis de s'y rallier, de façon que, le nom du Maréchal aidant, l'ordre et la tranquillité maintenus, les affaires puissent reprendre un peu de cette activité indispensable pour donner à l'ouvrier du travail, au patron la faculté de continuer son commerce. La loyauté du duc de Magenta ne se prêterait ni à des intrigues de parlement ni à des complots de la rue; il pourrait en être la victime, jamais il n'en serait le complice. Son caractère doit donc à juste titre inspirer confiance, car on pourrait être certain que l'engagement qu'il aurait signé ne serait pas violé par lui et que cette trêve des partis, que le pacte de Bordeaux devait garantir, serait scrupuleusement observée.

Mais, mon cher ami, toutes ces combinaisons de l'avenir dont nous avons le droit de nous préoccuper (nous y sommes tous directement intéressés), ce n'est pas à nous à les résoudre pour le moment;

c'est à nos députés qu'il appartient de les étudier et de se prononcer, puisque, écartant la solution proposée par M. Rouher dans son mémorable discours, ils ont repoussé l'Appel au peuple et assumé la responsabilité des décisions à intervenir. Nous nous inclinerons devant les mesures qu'ils croiront devoir édicter; plus tard, d'après les résultats, nous jugerons leur œuvre, et, quand viendra le jour du scrutin, sans passion ni parti pris, en pleine connaissance de cause, jetant notre bulletin dans l'urne, nous tous électeurs, nous prononcerons alors notre verdict souverain.

Ce que nous pouvons apprécier dès aujourd'hui c'est l'attitude prise par le parti bonapartiste durant la crise, attitude si étrangement dénaturée par la malveillance de nos adversaires.

Pendant que le pays, inquiet au seul

mot de Monarchie, était agité par les tentatives fusionnistes, les bonapartistes n'ont pas cherché à exploiter la situation à leur profit. Dégagés de toute arrière-pensée personnelle, forts des principes sur lesquels ils s'appuient, ils sont restés fidèles à leur doctrine; attendant tout de la justice du peuple, ils ont protesté contre toute atteinte qui pourrait être portée à la souveraineté nationale. Ils n'ont eu ni à mendier ni à repousser des alliances. Le drapeau de l'Appel au peuple, qu'ils ont toujours défendu, ils ont continué à le tenir d'une main haute et ferme. Avec lui et pour lui, ils ont combattu, ayant l'heureuse fortune de gagner à l'idée plébiscitaire beaucoup d'esprits impartiaux appartenant aux différents groupes de l'opinion. Ils n'ont jamais cherché à imposer l'Empire à la France. Ils ont demandé, ils demandent encore, ils demanderont toujours que le peuple, directement consulté, se prononce sur ses destinées ; quand il se sera prononcé, ils s'inclineront devant sa décision avec respect.

Tandis que les monarchistes disaient : Essayons d'obtenir dans l'Assemblée une voix de majorité, rien qu'une voix, et, sans plus nous inquiéter si cette majorité répond réellement à la majorité du pays, nous établirons la monarchie; tandis que certains républicains, qui avaient énergiquement refusé autrefois à l'Assemblée actuelle le caractère constituant, lui pardonnaient de constituer, pourvu qu'elle constituât la République ; tandis que d'autres, rêvant une sorte de République de droit divin, prétendaient que, de gré ou de force, la République devait s'imposer à la volonté nationale, et qu'il fallait l'établir quand même, avec ou contre le consentement du pays, les bonapartistes disaient :

« Que la France choisisse librement, qu'elle manifeste ses sympathies ! Royauté, République, Empire, qu'elle décide. Ce n'est pas sur des mots, sur des idées abstraites, sur des représentants plus ou moins connus de vous, électeurs, que vous seriez appelés à vous prononcer. C'est sur des gouvernements que vous connaissez, sur des faits que vous pouvez parfaitement apprécier, puisque, ou vous en avez été les témoins, ou vos parents vous les ont racontés. Voyez, réfléchissez et jugez.. »

Cette attitude désintéressée me rappelle une réponse que j'entendis faire, au moment du plébiscite du 8 mai 1870, par un brave maire de campagne, à un agent de l'opposition qui l'engageait à voter *non,* prétendant que tout bon patriote devait voter contre l'Empire qui avait fait ceci, qui avait fait cela. Et il allait débitant son chapelet d'injures et de calomnies. Quand il eut fini, notre homme lui répondit : « Malgré tous vos beaux discours, je suis et je reste bonapartiste, parce que je suis Français.»

Cette réponse m'a toujours paru, dans sa concision, résumer très-exactement le caractère de notre parti. Dans sa pensée, ce maire de village ne pouvait séparer l'Empire de la France et il avait raison. Tant qu'il fut au pouvoir, Napoléon III, sans cesse préoccupé des intérêts du pays, travailla sans relâche à satisfaire ses désirs et ses aspirations ; et vous savez quelle étroite communauté d'intérêts unissait le peuple au souverain qu'il avait choisi. Tous ceux qui ont reporté sur le Prince, digne héritier de son auguste père, leur foi et leurs espérances ne demandent aujourd'hui qu'une seule chose : c'est que, maître de ses destinées, le peuple dise comment il veut vivre. Nous sommes tous prêts à accepter sa sentence, car nous n'avons d'autre volonté que la volonté nationale.

En examinant l'attitude du parti impérialiste dans ces derniers temps, on est obligé de reconnaître qu'il s'est réellement montré le serviteur du pays, qu'il a été le vrai parti de la France, et, nous inspirant des sentiments de celui dont je vous ai rapporté plus haut la réponse, nous pouvons avec raison dire comme lui : « Nous sommes et nous restons bonapartistes, parce que nous sommes Français. »

12 mars 1875.

X

LA MAJORITÉ DU PRINCE IMPÉRIAL

Depuis que je vous ai écrit, bien des faits, bien des incidents se sont produits. Au moment de leur apparition, ils ont largement défrayé la polémique des journaux, ils ont vivement passionné l'opinion publique, et l'histoire y trouvera d'utiles indications pour lui permettre de formuler son jugement.

Renversements et formations de ministères, conjonction des centres poursuivie, obtenue, rompue, fractionnements à l'infini des diverses opinions en petits groupes formés de quelques députés à peine, négociations entamées, rivalités éclatant entre tous ces groupes dont, au milieu de leur multiplicité, il est difficile de retenir les noms, impossible de saisir clairement le but, morcellement et déplacement de la majorité, tel est, depuis un an, le tableau de nos luttes parlementaires.

Nous ne nous arrêterons pas à étudier en détail ce bilan de notre année politique. Nous examinerons seulement deux dates principales qui dominent et résument toute cette période de notre histoire : le 16 mars 1874, le 25 février 1875.

La première éveille dans nos cœurs le souvenir d'une imposante cérémonie célébrée au-delà du détroit, sur le sol hospitalier de l'Angleterre, au milieu de Français accourus de tous les points du pays, cérémonie qui eut, en France même, un énorme retentissement et marqua d'une façon éclatante lapuissance du sentiment bonapartiste.

La seconde nous rappelle une décision prise récemment à Versailles par l'Assemblée nationale, mais dont les conséquences ne peuvent encore être appréciées à l'heure qu'il est, car, pour cela, il faut attendre que l'ensemble des lois ait été adopté et qu'on en ait pu juger le fonctionnement.

La majorité du Prince Impérial était pour notre parti une date importante qui devait être célébrée avec un éclat digne du nom glorieux des Napoléon. Et c'est pour cela que près de 7,000 personnes sont venues à Chislehurst saluer en ce jour béni le représentant de leurs principes.

Au milieu de la foule nombreuse qui

se pressait sous les ombrages de Camden-Place, bien peu des anciens fonctionnaires de l'Empire avaient manqué à cet appel de la reconnaissance, et parmi ceux que d'impérieuses raisons retenaient sur le continent, la plupart avaient par avance témoigné leurs regrets de ne pouvoir s'associer à cette fête du souvenir et de l'espoir.

C'était un spectacle touchant que celui de tous ces hommes d'élite, anciens ministres, anciens sénateurs, anciens conseillers d'Etat, anciens députés, anciens préfets, anciens magistrats, qui, après avoir, dans la limite de leurs attributions, loyalement prêté au gouvernement du Père leur concours intelligent et dévoué, se groupaient maintenant autour du Fils dans une commune pensée d'inaltérable fidélité. Toute la France administrative et politique du second

Empire y était avec son esprit et ses traditions partout regrettées.

Et, à côté d'elles, les quatre-vingt-cinq groupes composant les députations des départements qui tous avaient tenu à honneur d'y être représentés, jusqu'à nos départements les plus éloignés du Midi, jusqu'à l'Algérie elle-même. C'était la France du travail, la France du commerce, de l'industrie, de l'agriculture, reconnaissante de la sécurité dont elle avait joui autrefois et venant témoigner de son attachement aux institutions et à la dynastie impériales.

Notre pays est une vaste démocratie dans laquelle tous les intérêts doivent être confondus, car ils sont solidaires, et la souffrance ou la prospérité des uns nuit ou profite aux autres. Il n'y a plus et il ne peut y avoir chez nous distinction de caste ni de privilége, puisque les situations ne s'acquièrent et ne se maintiennent qu'en raison des efforts individuels, chacun devant, dans sa sphère d'activité, travailler à l'amélioration normale, progressive de sa position et contribuer ainsi pour sa part au développement du bien-être général.

C'est ce caractère essentiel de notre société que l'Empereur comprenait si bien lorsque, dans ses écrits, il traitait les questions ouvrières, lorsque plus tard il signalait son règne par des réformes empreintes d'un véritable esprit démocratique, cherchant à réaliser le programme que, dans le discours adressé par lui en 1849 aux exposants de l'industrie nationale, il esquissait en ces termes : « Ne faisons pas naître de vaines espérances, mais tâchons d'accomplir toutes celles qu'il est raisonnable d'accepter. Manifestons par nos actes une constante sollicitude pour les intérêts du peuple; réalisons au profit de ceux qui travaillent le vœu philanthropique d'une part meilleure dans les bénéfices et d'un avenir plus assuré. »

Aujourd'hui, le souvenir de ces mesures prises par Napoléon III constitue une des principales forces de l'idée impériale. Ces réformes, accordant aux uns de légitimes satisfactions sans effrayer les autres, parce qu'édictées avec sagesse elles étaient appliquées d'une main libérale et ferme tout à la fois, permettent de dire que l'Empire fut le peuple couronné (1). »

---

(1) C'est à l'Empereur que l'on doit la création des asiles de Vincennes et du Vésinet, les améliorations apportées aux établissements généraux de bienfaisance, dont le budget qui, en 1851, n'était que de 1,272,070, avait été porté à 2,652,269 francs, l'impulsion donnée partout dans les départements aux œuvres d'assistance publique. C'est sous son patronage et

Aussi toutes les classes de la société s'étaient-elles donné rendez-vous à Chislehurst dans la journée du 16 mars. Nous

---

sous celui de l'Impératrice que furent fondés l'Orphelinat impérial de Versailles, la maison Eugénie-Napoléon, destinée à l'éducation des jeunes filles pauvres, l'Hôpital Sainte-Eugénie, l'Orphelinat du Prince Impérial, la Société de sauvetage des naufragés, l'Asile de Longchêne, près Lyon, et celui de Lamotte-Sanguin, dans le Loiret, la Société du Prince Impérial. Afin d'encourager la construction d'habitations ouvrières à bon marché, l'Empereur, sur sa cassette particulière, donnait 300,000 francs à la Société de Mulhouse, 100,000 francs à la Société des maisons ouvrières de Lille, à laquelle l'Etat, de son côté, donnait aussi 100,000 francs.

Sous l'Empire, les Sociétés de secours mutuels, dont le nombre, en 1851, n'était que 2,237, et s'élevait, en 1867, à 5,829, comptaient 862,795 sociétaires, tandis qu'elles n'en comptaient autrefois que 275,670, et leur avoir s'était accru d'une somme de plus de 36 millions.

Chaque année, sur sa liste civile, l'Empereur prélevait plus de 5 MILLIONS qu'il employait *en dons aux églises, aux communes, aux associations charitables, aux débris des héroïques armées de la République et du premier Empire, aux sociétés coopératives.*

(*L'Empire devant l'opinion publique*, p. 19.)

avons vu ce jour-là fraterniser entre eux des hommes venus des quatre coins de la France, appartenant à toutes les professions les plus diverses, représentant toutes les branches différentes du travail intellectuel et manuel, inconnus les uns aux autres, mais tous intimement unis par les liens d'une même foi. On sentait que dans ces cœurs qui battaient à l'unisson il y avait communauté de principes, solidarité d'intérêts, égalité de dévouement.

Vous connaissez les paroles si touchantes par lesquelles le duc de Padoue apportait aux augustes exilés les hommages et le souvenir de la patrie absente. Vous avez lu et relu bien des fois, j'en suis sûr, le discours du Prince, dont les accents, suivant l'heureuse expression du journal le *Times*, « sont ceux d'un homme qui sait se faire entendre et se faire écouter. » Tout en Lui, son maintien, son geste, sa parole, sa pensée, justifie cette exclamation arrachée par l'enthousiasme à un vieillard qui avait jadis connu le Grand Empereur : « C'est Napoléon Ier à dix-huit ans ! »

Vous comprenez l'impression que tous ceux qui, comme moi, ont eu le bonheur d'y assister, ont rapporté de cette cérémonie, qui faisait dire au directeur d'un des plus importants organes de la presse anglaise : « Ce n'est pas le retour de l'île d'Elbe, c'est la France elle-même qui vient à l'île d'Elbe ! »

Vous n'ignorez pas l'impression non moins profonde qu'elle fit en France, l'effet durable qu'elle produisit sur les esprits, le réveil qu'elle détermina chez certains dévouements sincères mais timides qui, éperdus et troublés jusque-là par l'attitude de nos adversaires, n'avaient pas encore osé se manifester au grand jour.

La haine des partis hostiles, conséquence inévitable du sentiment de leur impuissance, devait tout naturellement s'accroître encore par le spectacle de notre force. Ils avaient pensé que la majorité du Prince Impérial, de même que celles du comte de Chambord et du comte de Paris, passerait inaperçue. Ils avaient pensé qu'en dehors d'un nombre restreint de fidèles obstinés, personne ne songerait à célébrer cet anniversaire. Et lorsqu'ils virent cette foule empressée qui, dans ses éléments divers, représentait le peuple de France, on comprend combien cruelle fut la déception, combien violent fut le dépit qu'ils durent éprouver.

Il n'y a donc pas lieu de s'étonner de la recrudescence des attaques qu'ils dirigent contre nous depuis cette époque. Il devait en coûter à leur amour-propre d'avouer que cette manifestation témoignait des souvenirs vivaces qu'avait laissés l'Empire, et ils ont trouvé plus commode de la rattacher à tout un ensemble de trames ténébreuses, de projets séditieux. En allant en Angleterre, nous obéissions à un sentiment de reconnaissance du passé, d'espoir de l'avenir qui n'excluait pas le respect absolu du présent et d'où était sévèrement bannie toute idée d'impatience et d'insoumission. Et cependant, pour avoir accompli ouvertement et sans arrière-pensée cette démarche d'un caractère tout pacifique, nous sommes tout à coup devenus des factieux et des perturbateurs.

Cette fameuse conspiration dont on parle depuis si longtemps, sans la découvrir jamais, elle n'existe que dans l'esprit de nos adversaires affolés. La peur qu'ils ont de l'Empire est si grande, qu'ils donnent aux moindres incidents des proportions fantastiques et qu'ils en tirent des conséquences à perte de vue, semblables à ces poltrons qui, seuls, la nuit, sur une route déserte, prennent un arbre inoffensif pour un voleur qui en veut à leur bourse et à leur vie.

Nous serions bien naïfs, quant à nous, de conspirer alors que tout conspire en notre faveur. Pourquoi prendrions-nous des sentiers détournés et dangereux lorsqu'il nous est si facile de suivre tout tranquillement la grande route ouverte à tous et qui nous mène plus sûrement au but, certains que nous sommes de ne pas y rencontrer de fondrières. Nous n'avons pas et nous n'aurons jamais la prétention d'imposer notre gouvernement à la France sans le concours de la souveraineté nationale. Quand le peuple se prononce, nous nous inclinons devant lui, et si par hasard il se prononçait contre nous, nous pourrions au fond du cœur garder pieusement notre foi, mais du moins nous respecterions pleinement ses décisions. Je sais d'autres partis qui ne pourraient en dire autant. Que ceux-là conspirent dans l'ombre! cela se conçoit. Ils veulent le pouvoir et le poursuivent sans plus s'inquiéter s'ils ont oui ou non derrière eux la majorité du pays.

Nous n'avons que faire de semblables moyens. Notre arme à nous c'est le bulletin de vote. C'est au suffrage universel que nous en appelons, et la meilleure preuve que nous n'avons pas tort d'agir ainsi ce sont les résultats des scrutins. Sur douze élections dans lesquelles nos candidats se sont présentés depuis le commencement de l'année 1874, ils ont triomphé dans six départements et obtenu dans les autres de belles minorités. Nous pouvons ajouter, sans crainte d'être démentis, que si une décision de l'Assemblée n'avait pas ajourné d'une façon générale toutes les élections partielles, les deux départements qui étaient convoqués les premiers pour procéder à l'élection d'un député, le Lot et le Cher, auraient sûrement envoyé à Versailles les deux candidats bonapartistes MM. de Mosbourg et de Clamecy.

Vous le voyez, ce parti qu'on prétend accablé sous le poids de sa honte, contre lequel les autres se liguent avec un acharnement incroyable, sur douze siéges à l'Assemblée, en a obtenu six, tandis que les républicains n'en obtenaient que cinq et les monarchistes un seul (1). Vienne le moment des élections générales, et vous verrez quel irrésistible courant portera les électeurs vers les candidats qui représenteront nos principes. Ainsi qu'on l'a dit avec vérité, le suffrage universel finit toujours par reconnaître les siens, et il faut qu'elle soit profondément enracinée dans le pays l'idée qui est assez puissante pour déterminer près de 7,000 personnes à traverser en même temps la mer afin de célébrer la majorité de celui qui personnifie leur doctrine.

---

(1) Les candidats victorieux dans ces 12 élections sont: MM. Sens, baron de Bourgoing, Le Provost de Launay, Dellisse-Engrand, duc de Mouchy et Cazeaux, bonapartistes.

MM. Lepetit, Rondier, Maillé, Sénart et Valentin, républicains

M. l'amiral de Kerjégu, monarchiste.

17 avril 1875.

XI

LE SEPTENNAT ET LES LOIS CONSTITUTIONNELLES

Revenons pour un instant en arrière. Reportons-nous par la pensée au mois de novembre 1873, au moment où les tentatives de fusion venaient d'échouer à la suite de la lettre du comte de Chambord, lettre dont on peut contester l'habileté mais qui n'en restera pas moins comme la protestation loyale d'une conscience qui repousse hautement tous les compromis plus ou moins avouables et qui aime mieux renoncer au trône que de l'acquérir au prix de l'abjuration de ses principes.

Quelques jours après, l'Assemblée, ayant rejeté la proposition d'Appel au peuple, prorogeait pour sept ans les pouvoirs du Maréchal, par 378 voix contre 310. La majorité avait été formée par les groupes conservateurs. La minorité était composée des gauches qui, hostiles au projet, l'avaient vivement attaqué. Singulier spectacle de voir ainsi les républicains combattre ardemment la prorogation, eux qui, par la suite, devaient le plus directement en profiter. Ils craignaient sans doute que le pouvoir du Maréchal serait trop fort et ne se prêterait pas assez à la réalisation de leurs désirs, tandis que, de son côté, le parti bonapartiste manifestait une toute autre crainte par l'organe de M. Rouher disant à la tribune : « Ma préoccupation n'est pas que l'illustre Maréchal gouverne trop; ma préoccupation est qu'il ne gouverne pas assez. »

Le *Septennat* était donc voté. Il avait été accueilli avec résignation par les légitimistes, encore tout meurtris de l'échec de la fusion. Il avait été salué avec enthousiasme par les orléanistes, qui ont cru sans doute y voir une porte dérobée ouverte au *Stathoudérat* du duc d'Aumale et par suite à la Monarchie constitutionnelle. Il avait été accepté par les bonapartistes qui, après avoir combattu la durée trop longue suivant eux du temps proposé, s'étaient soumis sans impatience comme sans illusion à la décision prise. Il avait été attaqué par les républicains dont les défiances opiniâtres ont persisté jusqu'à ce que, par un de ces revirements habituels au régime parlementaire, ils soient arrivés à se constituer à leur tour en état de majorité.

Un an s'est à peine écoulé depuis cette époque. La force dirigeante dans l'Assemblée s'est insensiblement déplacée peu à peu de droite à gauche et les événements sont venus justifier la pensée que dans son discours du 19 novembre 1873, M. Rouher émettait en ces termes :

« Mais le Pouvoir exécutif, quand vous
» l'aurez déclaré temporaire, quand vous
» l'aurez rendu électif, quand vous
» lui aurez donné une courte durée,
» qu'aurez-vous fait ? La République !
» Vous l'aurez votée ! C'est ainsi que la
» proposition de l'honorable général
» Changarnier, passant de circuit en cir-
» cuit à travers les laminoirs du parlemen-
» tarisme, arrivera à être complétement

» dénaturée, détruite, et que les monar-
» chistes auront été les fondateurs de la
» République. »

La prédiction de l'illustre orateur s'est réalisée de tous points. Il n'est plus le temps où le retour de la royauté semblait imminent et où chacun, suivant l'opinion à laquelle il appartenait, souhaitait ou redoutait cette restauration. Il n'est plus le temps où un journal monarchiste pouvait dire: « Il nous suffit d'obtenir dans l'Assemblée une voix de majorité, rien qu'une seule voix et la Monarchie est rétablie. » Aujourd'hui, nous n'avons pas eu la Royauté; mais nous avons la République. Cette unique voix de majorité que réclamaient les fusionnistes, les républicains à leur tour s'en sont contentés et ce n'est pas en faveur de la Monarchie, mais en faveur de la République qu'elle a été obtenue (1).

Dans les premiers jours du mois de janvier dernier, l'Assemblée commence enfin à délibérer sur les lois constitutionnelles péniblement élaborées par la commission des Trente, après d'interminables discussions et de nombreuses modifications. La lutte s'engage et dès le début le cabinet Chabaud-Latour, battu sur une question de priorité d'ordre du jour, donne sa démission.

La crise commence. On entasse amendements sur amendements. Il n'est plus question que des projets de loi Ventavon, Lefèvre-Pontalis, Wallon et autres. Les centres, les gauches, les droites tiennent réunions sur réunions. On invente les

---

(1) Le premier amendement de M. Wallon a été adopté par 353 contre 352.

combinaisons ministérielles les plus bizarres. Les bruits, parfois les plus absurdes, toujours les plus contradictoires, circulent. On parle tour à tour de démission du Maréchal, de dissolution de l'Assemblée, de reconstitution de la majorité du 24 mai, de proclamation de la République, etc., etc.

Au milieu de tous les bruits plus ou moins faux qu'on faisait courir, un seul, je me plais à le constater, produisit partout une pénible impression, c'est l'éventualité de la démission du Maréchal annoncée par un journal anglais et heureusement démentie aussitôt après. Dans les circonstances présentes, en effet, tout le monde doit comprendre que le nom du duc de Magenta et sa présence à la tête des affaires sont actuellement notre plus précieuse garantie et notre sauvegarde.

En se prolongeant la crise touchait forcément à sa fin. La situation exigeait un prompt dénouement, car nous en étions arrivés à un point où tout était possible, tout était probable, rien n'était certain, et où la première solution proposée, qui obtiendrait une majorité quelconque, devait être adoptée.

Dans toutes les questions politiques, l'Assemblée n'était jamais parvenue à prendre que ce qu'on pourrait appeler des résolutions négatives. Forte, quand il s'agissait d'empêcher; impuissante, quand il fallait agir, elle renfermait en elle, non une majorité de principe, mais une majorité de coalition, c'est-à-dire une de ces forces éphémères qui, après avoir accompli l'effort en vue duquel elles ont été créées, ne peuvent lui survivre et se désagrègent aussitôt.

Arriverait-elle enfin à constituer dans

son sein un parti assez homogène pour vouloir fermement quelque chose et en poursuivre avec résolution l'accomplissement? Trouverait-elle enfin, après tant et tant de recherches, un terrain solide sur lequel elle pourrait asseoir les fondations du gouvernement que depuis quatre ans elle désire donner à la France.

Le 23 juillet 1874, elle avait repoussé la proposition Casimir Périer, et, le 29 janvier dernier, elle repoussait encore l'amendement Laboulaye qui, à part d'insignifiantes différences, n'était que la reproduction de la proposition Périer. Par ces deux votes, elle semblait clairement manifester l'intention de ne s'associer à aucune tentative de proclamation et d'organisation de la République. Le lendemain, pourtant, du jour où elle avait rejeté l'amendement Laboulaye, appelée à statuer sur un des nombreux amendements présentés par M. Wallon, elle l'adopte à une voix de majorité, et cette adoption décida du sort des lois constitutionnelles.

Entre ces deux propositions, il n'y avait qu'une différence de forme bien plus que de fond ; car, dans l'un et l'autre cas, le résultat était le même. Après avoir refusé, la veille, de proclamer la République, l'Assemblée, le lendemain, consentait à l'organiser, et, appréciant la portée de ce vote, le *Journal des Débats*, organe du centre gauche, pouvait dire avec raison : « Nous ne demandons pas autre chose. Peu nous importe les mots et les étiquettes, pourvu qu'on nous donne ce que nous ne cessons de réclamer depuis trop longtemps. »

Quelques jours avant l'adoption de la proposition Wallon, les électeurs des

Hautes-Pyrénées avaient nommé député le candidat bonapartiste M. Cazeaux, qui avait été combattu par l'administration et les républicains. L'effet produit par cette élection fut considérable. Elle raviva l'animosité des partis hostiles à l'Empire, elle les groupa étroitement dans une commune pensée de haine et ne fut certes pas sans exercer une influence sur les votes ultérieurs de quelques députés, dominés avant tout par la crainte du bonapartisme et sacrifiant volontiers leurs propres convictions pour en empêcher le retour. De telle sorte que les braves électeurs des Hautes-Pyrénées ont été sans s'en douter et fort innocemment en partie la cause de l'organisation de la République.

6 mai 1875.

XII

LA RÉPUBLIQUE RÉVISABLE

Vous vous rappelez avec quelle précipitation les différents articles du projet Wallon ont été votés et adoptés. On sentait que la majorité qu'ils avaient réunie craignait à chaque instant de se diviser sur telle ou telle question. Elle se faisait de réciproques concessions pour en avoir plus tôt fini et vainement M. Raoul Duval, avec une persistante énergie, présentait des amendements qui étaient rejetés sans qu'on lui ait pour ainsi dire donné le temps de les exposer.

La proposition par laquelle le courageux député de la Seine-Inférieure demandait à l'Assemblée de déclarer que *la souveraineté réside dans l'universalité des citoyens français*, sur nos sept cent cinquante députés, ne compta que trente défenseurs, appartenant tous au parti de l'appel au peuple et dont le pays n'oubliera certainement pas les noms. Parmi les républicains qui ont toujours à la bouche les mots de souveraineté nationale et de droit populaire, qui prétendent que la République est le gouvernement du peuple, pas un ne s'est levé pour défendre la proposition.

Vous n'attendez pas de moi, mon cher ami, que j'analyse et que j'étudie avec vous article par article cette Constitution votée au pas de course. Il manque d'ailleurs encore quelques lois pour compléter l'édifice et ce n'est que plus tard, lorsqu'elles auront été adoptées dans leur ensemble, que nous pourrons en examiner l'esprit et voir si elles conviennent aux mœurs, si elles répondent aux besoins de notre pays.

Quoi qu'il en soit, depuis le 25 février nous avons une Constitution et nous sommes en République. La République que nous a donnée cette Constitution n'est peut-être pas tout à fait celle rêvée et décrite par MM. Louis Blanc, Naquet, Peyrat, Madier-Montjau, Marcou et autres républicains à convictions ardentes, à principes nettement arrêtés. Elle n'est pas non plus absolument celle souhaitée par messieurs du centre gauche, dont le président disait dans une réunion récente : « Certes, ces lois ne répondent pas à notre idéal, ce n'est pas tout à fait de cette façon que nous aurions constitué la République. » Elle n'est pas davantage celle acceptée par messieurs du centre droit, qui auraient peut-être consenti à avoir le nom, à condition de pouvoir escamoter la chose à leur profit et d'en faire tout tranquillement, et sans bruit, l'antichambre d'une monarchie orléaniste.

Réunis sur un terrain commun, qui était la haine de l'Empire et la crainte de son retour, tous trop engagés pour ne pas faire quelque chose, les uns et les autres ont été obligés de beaucoup sacrifier de leurs idées au maintien d'une entente dont ils redoutaient à chaque instant la rupture. Il est, en effet, impossible d'admettre que MM. Bocher et d'Audiffret-Pasquier, MM. Léon Say et Casimir Périer, MM. Marcou et Madier-Montjau aient été tous en même temps subitement touchés de la même foi. L'amour qu'ils doivent ressentir pour l'œuvre qu'ils ont fondée ne peut être chez chacun d'eux inspiré par les mêmes sentiments, et d'ailleurs la joie qu'ils semblent éprouver du résultat obtenu est loin d'être sans mélange si l'on en juge par leur attitude, leur langage et leurs tardives récriminations.

Ne professant pas tous, bien s'en faut, les mêmes principes, ils ont été contraints, pour maintenir l'alliance, de recourir souvent à des capitulations de conscience, à des compromis, à des sous-entendus, et de ces mutuelles renonciations est sorti un gouvernement *sui generis* qui, d'après le point de vue d'où on l'envisage, peut passer pour une Monarchie à forme républicaine ou pour une République à institutions monarchiques (1).

Je ne veux pas encore rechercher pour

---

(1) Tout dernièrement, M. Laboulaye, rapporteur

le moment si l'union que les coalisés du 25 février sont parvenus à fonder durera longtemps et si leur intime cohésion subsistera après la victoire obtenue. L'avenir seul pourra nous dire si cette majorité hétérogène a une force de résistance et si elle présente des caractères sérieux de vitalité. L'alliance est encore bien récente pour que les dissensions aient eu le temps de beaucoup s'accentuer, et pourtant on dirait qu'il y en a déjà des germes dans l'air (1).

Il est d'ailleurs un fait qui semble

de la loi organique des pouvoirs publics, disait dans son rapport : « Les dispositions du projet de loi donnent à la République les garanties de la Monarchie constitutionnelle telle que nous l'avons pratiquée pendant plus de trente ans. »

(1) Depuis que cette lettre a été écrite, les discours de MM. Louis Blanc, Marcou et Madier-Montjau, la polémique aigre-douce engagée entre certains journaux de la gauche et du centre gauche semblent

donner par avance raison à ces prévisions. C'est l'empressement que les coalisés ont mis à déclarer que la Constitution qu'ils donnaient au pays était essentiellement révisable. Ils ont eu hâte de le proclamer comme si chacun de son côté avait ainsi voulu chercher à atténuer je ne sais quel effet fâcheux produit par son vote sur ses partisans. Je n'ai nulle envie de vous rapporter, mon cher ami, les multiples déclarations qui ont été faites à ce sujet. Je me bornerai à vous en mettre sous les yeux deux qui ont une importance toute particulière par

justifier ces pressentiments. Tout récemment, dans un discours accueilli par des approbations nombreuses et méritées, le ministre de l'intérieur s'étonnait, avec raison, que certains députés aient attendu le vote et la promulgation des lois pour venir en dire tout le mal qu'ils en pensent. Il eût été, en effet, plus loyal et plus conforme aux intérêts du pays de manifester, dès le début, ses opinions, sans réticences et avec la plus entière franchise.

suite de la situation de leurs auteurs. L'un est un des membres influents du centre droit, l'autre un des chefs écoutés de la gauche.

Le 3 février dernier, M. Paris, alors rapporteur de la Commission sur le projet de loi Wallon, formulait à la tribune son opinion d'une façon non équivoque dans les termes suivants :

« Puisque l'on désire une déclaration
» plus complète, plus catégorique, nous
» ajoutons, au nom de la Commission, à
» la rédaction qui nous paraissait très-
» claire, qu'en disant : « Il pourra être
» procédé en totalité ou en partie a
» la révision de la Constitution, » nous
» entendons formellement que toutes
» les lois constitutionnelles, dans leur
» ensemble, pourront être modifiées, que
» la forme même du gouvernement
» pourra être l'objet d'une révision ;

» IL NE PEUT, IL NE DOIT Y AVOIR, A CET » ÉGARD, AUCUNE ÉQUIVOQUE. »

Le 11 avril, dans une réunion privée à Belleville, M. Gambetta, examinant la portée et les conséquences des lois constitutionnelles, s'exprimait ainsi :

« Cette Constitution, qui vous paraissait » et qu'on avait présentée comme si » bâtarde et si incomplète, a laissé la » porte ouverte aux perfectionnements. » On rencontre à chaque pas des hommes » qui disent : Votre œuvre n'est pas » solide et on pourra la réviser. Ah ! je » l'espère bien ! JE NE L'AURAIS PAS » VOTÉE SI L'ON N'AVAIT PAS PU LA » RÉVISER. »

La révision, tel est le signe distinctif, le caractère essentiel de la Constitution du 25 février. C'est le Sésame, ouvre-toi, au nom duquel la République est parvenue à franchir la porte. Nous avons donc aujourd'hui un gouvernement défini que nous devons respecter; mais il n'est interdit à personne de prévoir et d'indiquer les modifications qu'il serait utile d'introduire, les perfectionnements qu'il serait nécessaire de réaliser. Ce droit n'est pas l'apanage exclusif de tel ou tel parti: il existe également pour tous, et nous autres bonapartistes, nous pouvons l'exercer comme les républicains, les légitimistes et les orléanistes, sous la seule condition d'observer scrupuleusement à cet égard les prescriptions de la loi.

Voici le texte même de l'article 8 de la Constitution actuelle qui règle le droit de révision :

« Art. 8. Les Chambres auront le
» droit, par délibérations séparées, prises
» dans chacune à la majorité absolue des
» voix, soit spontanément, soit sur la

» demande du président de la République, de déclarer qu'il y a lieu de réviser les lois constitutionnelles.

» Après que chacune des deux Chambres aura pris cette résolution, elles se réuniront en Assemblée nationale pour procéder à la révision.

» Les délibérations portant révision des lois constitutionnelles, en tout ou en partie, devront être prises à la majorité absolue des membres composant l'Assemblée nationale.

» Toutefois, pendant la durée des pouvoirs conférés par la loi du 20 novembre 1873 à M. le maréchal de Mac-Mahon, cette révision ne peut avoir lieu que sur la proposition du Président de la République. »

Il résulte de là que, suivant que telle ou telle opinion comptera dans les deux Chambres plus ou moins de représentants, la révision, quand sera venu le moment d'y procéder, se fera dans un sens ou dans un autre.

Vous comprenez donc, mon cher ami, toute l'importance qu'il y a pour nous à avoir, dans tous les colléges, à l'époque des élections sénatoriales et législatives, des candidats de notre parti.

Le scrutin s'ouvrira-t-il bientôt? La dissolution aura-t-elle lieu à l'automne prochain ou seulement dans les premiers mois de l'année 1876? C'est ce qu'il est impossible de prévoir dès aujourd'hui. Mais, de même que le devoir de tout commerçant honnête et sérieux est de prendre par avance ses mesures pour pouvoir faire face à ses échéances, de même notre devoir, à nous électeurs, est d'assurer l'échéance politique qui s'appelle les élections générales.

Quand viendra l'heure du vote, renseignés sur les sentiments de tels ou tels candidats, nous saurons fixer notre choix sur ceux qui, fidèles à un passé que nous aimons, professent la doctrine que c'est au peuple directement consulté qu'il appartient de statuer en dernier ressort sur ses destinées.

Imprimerie du MÉMORIAL DE LILLE, L. Chieux.

TABLE DES MATIERES

www.ingramcontent.com/pod-product-compliance
Ingram Content Group UK Ltd.
Pitfield, Milton Keynes, MK11 3LW, UK
UKHW020256250726
13967UKWH00004B/1713